AF279263

Beatriz Paoliello Fernandes

APULEYO EDICIONES   FOMENTO DE VALORES   CUENTOS ILUSTRADOS

MILA

UN VUELO PARA VALIENTES

APULEYO EDICIONES   FOMENTO DE VALORES   CUENTOS ILUSTRADOS

Era sábado por la mañana, el primer día de las vacaciones escolares, pero Mila se despertó preocupada. Se asomó a la ventana y comprobó el tiempo que hacía fuera. Para su alivio, hacía sol y había pocas nubes en el cielo. Se sintió aliviada, ya que no le gustaba volar bajo la lluvia.

Mila salió de su habitación y fue a buscar a su madre, que probablemente estaba terminando de hacer la maleta: su familia se iba hoy de vacaciones a Hawái. Mila había aprendido en el colegio que Hawái pertenece a Estados Unidos, está formado por varias islas y se encuentra en medio del océano Pacífico.

El padre de Mila estaba muy ilusionado con el viaje porque le encantaba el surf, aunque trabajaba en una oficina. Su padre siempre decía que en la vida hay que tener "aficiones". Mila entiende que las "aficiones" son cosas que a la gente le gusta hacer, aunque no pueda hacerlas todo lo que le gustaría (porque también tiene que trabajar y estudiar).

Volviendo al tema de las aficiones, la de la madre de Mila era ir al cine. Su abuelo jugaba al tenis y su abuela leía. Incluso el cachorro de Mila tenía una afición: le encantaba que le tiraran una cuerda para que la buscara y esconderse debajo de la mesa para morder la cuerda y gruñir.

Mila aún estaba decidiendo si su afición favorita era bailar o los helados, pero la cuestión era que la afición de su padre era el surf. Por eso casi todos los viajes de vacaciones de la familia eran a lugares lejanos con hermosas playas y grandes olas.

Aunque sólo tenía 8 años, Mila ya conocía un montón de lugares chulos del mundo porque sus padres tenían un trabajo que les obligaba a viajar mucho y ella los acompañaba a menudo. A los 6 meses fue a Portugal, a los 2 años a Francia y a los 4 a Chile y Argentina; a los 7 fue a Italia y España y a los 8 a Estados Unidos, donde conoció Disney y donde quiere volver en su próximo cumpleaños.

Le encantaban todas las etapas del viaje: decidir adónde ir, cuando sus padres empezaban a hacer cábalas y ella podía opinar.

Le gustaba elegir la ropa que se iba a llevar, sin olvidar los pequeños collares y pulseras que tanto le gustaban. En el bolso siempre llevaba ropa de recambio por si se ensuciaba la que llevaba puesta y un libro para la espera en el aeropuerto. La espera es un poco aburrida, pero al menos hay helados para pasar el rato, y esos televisores con las horas de llegada y salida de los vuelos, que a Mila le gustaba vigilar para que no se les pasara la hora.

También le encantaba que esos grandes aviones tuvieran televisión y muchas películas, y que sirvieran comida. Las azafatas siempre eran amables con ella. También era agradable cuando llegaban a su destino e iban a ver el hotel: había tantas cosas buenas en la nevera de la habitación…, pero sus padres decían que era caro y ella solo tenía que elegir una opción: siempre dudaba entre un chocolate o unas patatas fritas.

Pero lo mejor del hotel era la piscina. A Mila le encantaban las piscinas de los hoteles, sobre todo, si tenían tobogán. Se pasaba el día subiendo y bajando por el tobogán. Una vez incluso se peló los dedos de tanto rascarse las manos al bajar por el tobogán. Al final del día, también se le arrugaban las manos de tanto estar en el agua. Pero valió la pena, ¡fue muy divertido!

Bueno, el problema era que, a pesar de todas las cosas divertidas de viajar, desde hacía un tiempo, Mila tenía miedo a volar. Especialmente si el avión estaba sobre el mar durante mucho tiempo. Se sentía ansiosa y pensaba en cosas malas. No era una buena sensación. Sí, porque pensaba que el avión era demasiado grande y pesado. "¿Cómo podía volar tan alto y durante tanto tiempo? Y si el avión tenía un problema y tenía que aterrizar, ¿cómo lo haría si estaba volando sobre el mar?". Eran tantas preguntas que intentó dejar de pensar en ello, y por un tiempo lo consiguió, pero pronto esos molestos pensamientos volvían a aparecer en su cabeza.

Cuando tenía un problema, a Mila le gustaba hablar con sus padres, que eran las personas en las que más confiaba en el mundo. Así que decidió ir a buscarlos. Al salir de su habitación, Mila encontró primero a su madre en medio de un montón de ropa, bikinis y zapatos esparcidos por la cama. A su madre le costaba elegir qué llevarse de viaje y acababa llevándose todo lo que tenía, pero no se ponía ni la mitad.

Decía que intentaba mejorar en este aspecto porque era muy pesado llevar las maletas y el padre de Mila siempre se quejaba. Pero, a pesar del desastre con su ropa, Mila se alegró mucho de ver a su madre y fue a abrazarla.

Su madre siempre la abrazaba con cariño y le gustaba besar sus mejillas y apretar los pliegues de los brazos de Mila desde que era pequeña. A veces dolía un poco, pero Mila seguía sintiéndose segura y querida. Otra característica de la mamá de Mila era que ni siquiera tenía que decirle cuando estaba triste o preocupada por algo, su mamá lo sabía con sólo mirarla a la cara, era increíble, como telepatía o magia. Su madre lo llamaba "conexión".

Así que, con solo mirar la cara de Mila, aquella mañana, su madre ya intuía que algo la preocupaba y le preguntó qué era. Mila se quedó en esa posición un rato más, disfrutando de ese cálido abrazo y tomando coraje, porque, aunque confiaba mucho en su mamá, seguía siendo difícil hablar de sus miedos con otra persona.

Mila se separó de su madre, apartó la ropa y se sentó en la cama. Entonces le contó a su madre que, a medida que se acercaba la hora del viaje, empezaba a tener malos pensamientos sobre el avión, algunos miedos e inseguridades.

Su madre le dijo que intentara pensar en cosas buenas y agradables para que los malos pensamientos desaparecieran.

Le dijo a Mila que imaginara lo bonito que sería pasar ese tiempo de vacaciones, disfrutando del viaje con su familia, probando comidas diferentes y haciendo nuevos amigos. Le dijo que en Hawái se come mucho Poke, una comida con pescado crudo que a Mila le encanta, y que venía de allí. Dijo que cuando llegaran iban a visitar un volcán y que sería toda una aventura.

La niña empezó entonces a imaginar un enorme volcán del que salía mucha lava. Imaginó que toda la familia tenía que correr para no quemarse. Se preguntó si los humanos pueden correr más rápido que la lava volcánica. Porque una vez vio un volcán en erupción en la televisión y el fuego volaba hacia arriba y hacia los lados, era una locura, aunque era muy bonito.

Le dijo a su madre que prefería no ir al volcán, que tenía miedo de quemarse, pero su madre le explicó que el volcán ya no estaba activo, que era como si hubiera estado dormido durante muchos años.

Mila se imaginó entonces un gran volcán durmiendo sobre una gran almohada... y se preguntó qué podría despertarlo de nuevo. ¿Podría ser que los volcanes se despertaran con un gran ruido igual que los humanos? Ella no quería estar allí cuando ocurriera.

Z
Z
Z

Cuando Mila dejó de pensar en el volcán, se dio cuenta de que su madre casi había terminado de hacer la maleta. Esto significaba que había pasado mucho tiempo imaginando volcanes, incendios, etc., y que la sugerencia de su madre de que intentara pensar en otras cosas para olvidar los malos pensamientos sobre sus miedos había funcionado durante un rato. Pero cuando levantó la vista del escritorio de la habitación de sus padres y vio los billetes de avión que iban a utilizar en breve, empezó a temer de nuevo lo que pudiera ocurrir durante el vuelo.

Decidió buscar a su padre y lo encontró en la cocina preparando el desayuno. Mila le da los buenos días y él le da un beso. Le dijo que tenía "aliento a león" (siempre se lo decía cuando le besaba al despertarse) y le preguntó si se había lavado los dientes. Ella respondió que aún no porque antes iba a tomarse el café (como siempre le explicaba).

Mila no entendía la loca lógica de que los adultos quisieran que los niños se cepillaran los dientes todo el tiempo, sobre todo, si iban a volver a comer pronto... Es cierto que siempre estaba comiendo algo y nunca había espacio suficiente para cepillarse entre comidas, pero... el caso es que cuando su padre se quejaba de su aliento, ella se reía y luego intentaba besarle cada vez más a menudo y él fingía desmayarse por el "aliento a león" de Mila. Siempre acababan divirtiéndose con la situación.

Después de preparar a su hija un gofre con mermelada de fresa, el padre se sentó con ella a la mesa para comer juntos. Le pregunta a Mila si ya había hecho las maletas y si estaba entusiasmada con el viaje. Mila pensó que era una buena oportunidad para contarle a su padre su miedo a volar. Su padre le dijo que no tenía sentido, ya que había viajado en avión muchas veces. Mila le contestó que, aunque había volado muchas veces, ahora tenía miedo. Quería que su padre la creyera porque era malo sentirse así. Entonces se echó a llorar. Su padre vio que el miedo de Mila era real y, mirándola a los ojos, le dijo que a él también le daban miedo los aviones.

La niña se sorprendió tanto que dejó de llorar. ¿Cómo que miedo a los aviones? Su padre viajaba por trabajo todos los meses y ella nunca lo había visto llorar ni preocuparse por volar. Su padre le explicó que sí, que él también se ponía nervioso y se preocupaba antes de volar, pero que la forma en que los adultos afrontan el miedo a veces es diferente a la de los niños. Dijo que, como tenía que coger el avión para ir a trabajar, no podía limitarse a llorar y rendirse, sino que tenía que enfrentarse a su miedo. Y que esa era una de las mejores maneras de superar el miedo: enfrentándose a él de frente. Mila quería saber más.

Su padre le explicó que todo el mundo siente miedo de algo. Es natural en el ser humano e incluso el miedo es importante porque ayuda a las personas a ser más precavidas y a no correr riesgos o peligros. Por ejemplo: es importante que una persona que no sabe nadar tenga miedo al mar, porque si se aventura en un mar agitado, podría ahogarse. Otro ejemplo: es importante que un niño que está aprendiendo a andar solo por la calle tenga miedo de los coches.

Por eso es tan importante que aprenda a mirar a ambos lados antes de cruzar la calle, porque si un coche le atropella, puede resultar gravemente herido.

Terminó explicando que lo que diferencia a una persona valiente de una miedosa es que una persona valiente, a pesar de sentir miedo, sigue haciendo cosas y se enfrenta a sus miedos. La persona miedosa se paraliza ante el miedo y a menudo no consigue hacer las cosas que le gustaría sin ni siquiera intentarlo.

Mila lo entendió, ¡quería ser una persona valiente! Así que le preguntó a su padre cómo podía enfrentarse a su miedo a los aviones. Su padre le dijo que aprendiendo más sobre el tema. Cuanto más sabes sobre algo, mejor entiendes cómo funciona. En el caso de los aviones, están fabricados con la mejor tecnología del mundo. También explicó que los aviones tienen más de un motor, de modo que, si uno tiene un problema, todavía hay otro motor que puede hacer que el avión llegue sano y salvo a tierra. Concluyó diciendo que está demostrado que los aviones son el medio de transporte más seguro del mundo.

La chica empezó a sentirse más segura. Pensando en todos los medios de transporte que utilizaba, no conocía a nadie que hubiera sufrido un accidente de avión. En cambio, sí conocía a algunas personas que habían tenido accidentes de coche, por ejemplo, o en bicicleta. Ella misma se había caído varias veces de la bicicleta, pero no había dejado de ir con sus amigos.

Al ver que su hija se había calmado, su padre la besó y le dijo que estaba muy orgulloso de ella porque era una chica muy valiente. Mila se alegró porque le encantaba que su padre la elogiara así, ya que él era un valiente que desafiaba los mares más bravos en busca de olas radicales. Qué bonito es cuando alguien a quien quieres te da palabras de ánimo... Mila había oído una vez a alguien decir que eso aumenta la autoestima de un niño. Ella no entendía exactamente lo que eso significaba, pero sabía que era algo positivo y que la ayudaría a convertirse en una adulta segura de sí misma y valiente. Mila agradeció entonces a su padre la charla y, al levantarse de la mesa, oyó sonar el timbre de la puerta.

Eran sus abuelos, que habían venido a desearles un buen viaje y a recoger al cachorro de Mila para que se quedara con ellos mientras la familia estaba fuera. Mila adoraba a sus abuelos. Su abuela era su mejor compañera para dibujar, jugar a la escuela y colorear. Siempre le compraba a Mila lápices de colores, pinturas, tizas de colores y cuadernos nuevos, y a ella le encantaba todo. Su abuela también fue en gran parte responsable de la afición de Mila por la lectura. Siempre le regalaba libros cuando era muy pequeña, y eso fomentó mucho su afición a la lectura. Es cierto que mamá le leía todas las noches antes de acostarse, así que también tuvo su parte de ayuda, pero sin las docenas de libros que le regaló la abuela, ¡su biblioteca no sería tan especial!

SOFIA
PAJARITO
TO
CAPERUCITA ROJA

El abuelo solía contarle muchas historias interesantes. Se las sabía de memoria y duraban horas y horas. Había historias de reyes, piratas, bosques y granjas. También sobre otros países, barcos, coches y aviones. Ah, sí, el abuelo había sido piloto de avión cuando era más joven.

Y volviendo al tema de las aficiones que Mila mencionó al principio del libro, una de las mayores aficiones de su abuelo era leer y ver películas sobre aviones.

Fue entonces cuando Mila recordó que la última vez que fue a visitar a sus abuelos, su abuelo estaba viendo un documental sobre accidentes de aviación y Mila quiso verlo con él. En aquel momento le pareció muy interesante y ni siquiera se asustó. Había historias de accidentes aéreos. Ahora que lo recuerda todo, las cosas empezaron a tener sentido para Mila, y comprendió de dónde venía su reciente miedo a volar: ¡las historias de vuelos que salieron mal y que vio en el documental de televisión en casa de su abuelo!

Como sabía que su abuelo era un experto en la materia, decidió sincerarse con él y contarle que tenía miedo a viajar. Le dijo a su abuelo que tenía miedo de que a su avión le pasara lo mismo que a los aviones del documental que habían visto juntos. Su abuelo se sentó a su lado en el sofá y, de una manera muy tranquila, como solía comportarse en las situaciones más serias (a ella le gustaba mucho que el abuelo siempre la tomara muy en serio), le dijo a Mila que podía estar tranquila, que todos los accidentes de avión que habían visto en la película habían sido estudiados por personas muy competentes que ya habían resuelto los problemas y que los aviones actuales ya no corrían los mismos riesgos.

El abuelo de Mila también decía que los aviones son el medio de transporte más seguro del mundo (Mila recordaba que su padre también lo había dicho). Esto significa que casi no hay problemas, y que el documental se hizo con los mayores accidentes aéreos de la historia, y que se podían contar con los dedos de las manos porque son muy raros. Dijo que los aviones en los que Mila viajaría a Hawái eran los más modernos del mundo, y que estaría muy segura y cómoda en ellos. Mila quiso saber cómo aterrizaría el avión si iban a volar tanto tiempo sobre el mar, por si surgía algún imprevisto. Su abuelo mencionó que todas las rutas de los aviones están muy bien planificadas, teniendo la seguridad como prioridad, y que incluso en el océano hay islas donde los aviones pueden aterrizar si es necesario, y las rutas de los aviones siempre predicen que de vez en cuando el avión pasará cerca de una de estas islas, aunque desde allí arriba sólo se vea el mar.

Mila confiaba mucho en su abuelo, nunca le mentía. Recordaba cuando el gatito de la familia se escapó y Mila llegó a casa de su abuelo, él le dijo la verdad, nunca la engañó. Porque a veces los adultos intentan engañar a los niños y luego dicen que es para evitar que sepan la verdad porque podrían sufrir, pero su abuelo no era así. Era muy tranquilo y le decía a Mila toda la verdad, mirándola a los ojos y diciéndole que la vida a veces era difícil, pero que esas dificultades formaban parte de ella y nos enseñaban a valorar las cosas buenas. Por eso, Mila creía que decía la verdad y que los aviones debían de ser muy seguros.

En ese momento, su abuela se acercó a los dos, que estaban en el sofá, y le entregó a Mila una bolsita atada con una cinta roja. Dijo que era un regalo para que Mila se lo llevara de viaje. La niña dio las gracias a su abuela y abrió el paquete: dentro había dos tebeos y un angelito para colgar del cuello. Su abuela le explicó que los tebeos eran para distraerla en los vuelos y que el angelito era para que se lo colgara del collar y la protegiera durante todo el viaje, que era su ángel de la guarda.

Y que siempre que quisiera podía hablar con él y pedirle protección, calma y cualquier otra cosa que su corazoncito sintiera nece-
sitar. A Mila le encantaron los regalos, pidió ayuda para colgarse el
angelito del collar y se metió los tebeos en la mochila.

Mila se fue a su habitación a lavarse los dientes y empezó a recordar todo lo que había vivido y aprendido esa mañana, desde el momento en que se levantó. Luego decidió anotar en un papel todos los consejos que había recibido de sus padres y abuelos, para no olvidarlos nunca. Así, si en el futuro volvía a sentir miedo, leería estas notas. Sacó un cuaderno y un bolígrafo y los escribió así:

Consejos para ser una chica valiente:

Consejo de mamá: cuando tenga miedo o malos pensamientos, debería intentar pensar en cosas buenas para que los malos pensamientos desaparezcan. Ideas de cosas buenas: el tema de mi fiesta de cumpleaños, mis últimas vacaciones con mis primos, bailar y cantar la coreografía de la clase de jazz.

Consejo de papá: según papá, todo el mundo tiene miedo de algo, pero los valientes afrontan sus miedos, y los miedosos huyen y dejan de disfrutar de la vida. Así que, yo quiero ser del tipo valiente porque me gusta mucho disfrutar de todas las cosas buenas que tengo en mi vida.

El consejo del abuelo: cuando tenemos miedo de algo, debemos estudiar el tema para saber realmente si el miedo está justificado. También debemos confiar en las personas que saben más que nosotros sobre el tema. A veces, cuando no sabemos mucho sobre un tema, nuestra mente puede crear cosas que ni siquiera son reales, y por eso tenemos miedos que no tienen razón de ser.

El consejo de la abuela: cuando esté nerviosa o tenga miedo, debo escuchar a mi corazoncito y pedirle tranquilidad y protección a mi ángel de la guarda, o a quien me inspire confianza. En realidad, el consejo de la abuela es el menos laborioso, ya que ni siquiera necesito estudiar o informarme sobre ningún tema, depende de mí.

Después de anotar los preciosos consejos que había recibido, Mila se sintió ligera y feliz. Se levantó y volvió a la ventana de su habitación para mirar al cielo. Pero esta vez se sentía diferente de cuando se acercó a la ventana al despertarse. Esta vez, el cielo le pareció hermoso y azul y se sintió feliz de viajar con su familia para conocer nuevos lugares. Ya no tenía miedo. Al contrario, estaba agradecida de que hubiera aviones tan rápidos que pudieran llevar a la gente a lugares tan lejanos como Hawái.

Mila cerró entonces la ventana, cogió su mochila, apagó las luces de su habitación y se marchó, ¡emocionada por disfrutar de esta aventura familiar!

MILA

UN VUELO PARA VALIENTES

APULEYO EDICIONES   FOMENTO DE VALORES   CUENTOS ILUSTRADOS

Beatriz Paoliello Fernandes

APULEYO EDICIONES   FOMENTO DE VALORES   CUENTOS ILUSTRADOS